Impressum
Verlag: BABADADA GmbH, Nedderfeld 112 , 22529 Hamburg
Geschäftsführer / Verlagsleitung: Harald Hof
Druck: Books on Demand GmbH, In de Tarpen 42, 22848 Norderstedt

Imprint
Publisher: BABADADA GmbH, Nedderfeld 112 , 22529 Hamburg, Germany
Managing Director / Publishing direction: Harald Hof
Print: Books on Demand GmbH, In de Tarpen 42, 22848 Norderstedt

classroom
کلاس روم

divide
تقسیم

186/2

board
بورڈ

teacher
استاد

school yard
سکول کا میدان

paper
کاغذ

write
لکھنا

pen
قلم

desk
میز

ruler
سکیل

book
کتاب

pupil
شاگرد

satchel

جزدان

pencil case

پینسل دا ڈبہ

pencil

پینسل

pencil sharpener

پینسل شارپنر

rubber

ربر

drawing pad

ڈراءنگ پیڈ

drawing

ڈرائنگ

paintbrush

پینٹ برش

paint box

پینٹ باکس

scissors

قینچی

glue

گلو

exercise book

مشقی کتاب

homework

گھر دا کم

12

number

عدد

2+2

add

جمع

5−2

subtract

تفریق

2×2

multiply

ضرب

calculate

کیلکولیٹ

A

letter

خطرہ

ABCDEFG
HIJKLMN
OPQRSTU
VWXYZ

alphabet

حروف تہجی

word

لفظ

text

متن

read

پڑھنا

chalk

چاک

lesson

سبق

register

رجسٹر

examination

امتحان

certificate

سند

school uniform

سکول کی وردی

education

تعلیم

encyclopedia

انسائیکلو پیڈیا

university

یونیورسٹی

microscope

مائیکرو سکوپ

map

نقشہ

waste-paper basket

کچرے کا ٹب

hotel
بوٹل

hostel
باسٹل

currency exchange office
ایکسچینج دفتر

suitcase
سوٹ کیس

car
کار

language
بولی

yes / no
ہاں / نہیں

Okay
ٹھیک ہے

hello
اسلام و علیکم

translator
ترجمان

Thank you
شکریہ

how much is…?

ایہہ کنے نے ؟

I don´t get it

می سمجھ نئیں رلی

problem

مسئلہ

Good evening!

اسلام و علیکم

Good morning!

اسلام و علیکم

Good night!

اللہ حافظ

goodbye

اللہ نے حوالے

direction

سمت

luggage

سامان

bag

بیگ

backpack

بیک پیک

guest

مہمان

room

کمرہ

sleeping bag

سلیپنگ بیگ

tent

خیمہ

tourist information

سیاح کی لئی معلومات

beach

ساحل سمندر

credit card

کریڈٹ کارڈ

breakfast

ناشتہ

lunch

دوپہر نا کھانا

dinner

رات نا کھانا

Ticket

ٹکٹ

elevator

لفٹ

stamp

مہر

border

بارڈر

customs

کسٹمز

embassy

ایمبیسی

visa

ویزا

passport

پاسپورٹ

airplane
جہاز

ship
پانی آلا جہاز

fire truck
فائر انجن

bus
بس

truck
ٹرک

motorboat
موٹر بوٹ

bike
بائیک

car
کار

ferry

فیری

boat

کشتی

motorbike

موٹر بائیک

police car

پولیس کار

racing car

ریسنگ کار

rental car

کرایہ نی گڈّ

car sharing

کار شیئرنگ

tow truck

بریک ڈاؤن ٹرک

garbage truck

ریفیوز ٹرک

engine

موٹر

fuel

فیول

fuel station

پٹرول سٹیشن

traffic sign

ٹریفک سائن

traffic

ٹریفک

traffic jam

ٹریفک جام

parking lot

کار پارک

train station

ریل سٹیشن

tracks

ٹریکس

train

ریل

tram

ٹرام

wagon

کیرج

helicopter

ہیلی کاپٹر

airport

ائر پورٹ

tower

مینار

passenger

مسافر

container

کنٹینر

carton

کارٹن

cart

چھکڑا

basket

بالٹی

take off / land

اڈنا / لہنا

city

شہر

village

پنڈ

city center

سٹی سینٹر

house

گھر

- movie theater / سینما
- advert / مشہوری
- street light / سٹریٹ لیمپ
- street / گلی
- taxi / ٹیکسی
- CINEMA
- pedestrian / پیدل چلن آلے
- snack shop / سنیک شاپ
- sidewalk / سلیب
- zebra crossing / زیبرا کراسنگ
- dumpster / بِن
- crossing / کراسنگ
- traffic lights / ٹریفک لائٹس

hut

بَٹ

apartment

فلیٹ

train station

ریل سٹیشن

city hall

ٹاؤن ہال

museum

میوزئیم

school

سکول

university

یونیورسٹی

bank

بنک

hospital

ہسپتال

hotel

ہوٹل

pharmacy

فارمیسی

office

دفتر

book shop

کتب خانہ

shop

ہٹی

flower shop

پھلاں الے

supermarket

سپر مارکیٹ

market

بازار

department store

ڈیپارٹمنٹ سٹور

fishmonger's shop

مچھیرے

mall

شاپنگ سینٹر

harbor

بندرگاہ

park

پارک

bench

بنچ

bridge

پل

stairs

سیڑھیاں

subway

انڈر گراؤنڈ

tunnel

ٹنل

bus stop

بس سٹاپ

bar

بار

restaurant

ریسٹورنٹ

postbox

پوسٹ بکس

street sign

سٹریٹ سائن

parking meter

پارکنگ میٹر

zoo

چڑیا گھر

swimming pool

سونمنگ پول

mosque

مسجد

farm

فارم

pollution

آلودگی

cemetery

قبرستان

church

چرچ

playground

پلے گراؤنڈ

temple

مندر

landscape

منظر

leaf

پتّہ

signpost

سائن پوسٹ

path

راہ

meadow

سر سبز میدان

stone

پتھر

tree

درخت

hiker

ہائیکر

river

دریا

grass

گھاس

flower

پھول

valley

وادی

hill

پہاڑی

lake

نہر

forest

جنگل

desert

صحرا

volcano

آتش فشاں

castle

قلعہ

rainbow

رین بو

mushroom

کھمبی

palm tree

پام ٹری

mosquito

مچھر

fly

مکھی

ant

چیونٹا

bee

مکھی

spider

مکڑی

beetle

بھونرا

frog

مینڈک

squirrel

گلہری

hedgehog

سیہہ

hare

ساہیا

owl

الو

bird

پرندہ

swan

راج ہنس

boar

نر سور

deer

برن

moose

بارہ سنگا

dam

ڈیم

wind turbine

ونڈ ٹربائن

solar panel

شمسی توانائی دا پینل

climate

آب و ہوا

waiter
ویٹر

menu
مینیو

chair
کرسی

soup
سوپ

pizza
پیزا

cutlery
چھانٹے

tablecloth
میز کا کپڑا

starter
سٹارٹر

main course
مین کورس

dessert
ڈیزرٹ

drinks
مشروب

food
کھانا

bottle
بوتل

fast food

فاسٹ فوڈ

street food

سٹریٹ فوڈ

teapot

ٹی پاٹ

sugar bowl

شوگر بول

portion

پورشن

espresso machine

اسپریسو مشین

high chair

ہائی چئیر

bill

بل

tray

ٹرے

knife

چھری

fork

کانٹا

spoon

چمچ

teaspoon

ٹی سپون

serviette

تولیہ

glass

گلاس

plate

پلیٹ

soup plate

سوپ پلیٹ

saucer

ساسر

sauce

چٹنی

salt shaker

نمک دانی

pepper mill

پیپر مل

vinegar

سرکہ

oil

تیل

spices

مصالحہ

ketchup

کیچپ

mustard

سرسینوں

mayonnaise

مینیز

special offer
سپیشل آفر

customer
گاہک

dairy products
ڈیری

fruit
پھل

shopping cart
ٹرالی

butcher's shop

قصائی

bakery

بیکرز

weigh

وزن

vegetables

سبزیاں

meat

گوشت

frozen food

فروزن فوڈ

cold cuts

کولڈ گوشت

canned food

ٹن فوڈ

detergent

واشنگ پوڈر

candy

مٹھائی

household products

گھر دیاں چیزاں

cleaning products

صفائی آلی چیزاں

sales representative

سیل مین

cash register

ٹل

cashier

کیشئیر

shopping list

شاپنگ لسٹ

opening hours

کھلن دا ویلا

wallet

پرس

credit card

کریڈٹ کارڈ

bag

بیگ

plastic bag

پلاسٹک بیگ

water

پانی

juice

جوس

milk

ددھ

coke

کوک

wine

شراب

beer

شراب

alcohol

شراب

cocoa

کوکا

tea

چا

coffee

کافی

espresso

أسبريسو

cappuccino

کپیچینو

banana

کیلا

apple

سیب

orange

موسمبی

melon

تربوز

lemon

نیمبو

carrot

گاجر

garlic

لہسن

bamboo

بانس

onion

پیاز

mushroom

کھمبی

nuts

میوے

noodles

نوڈلز

spaghetti

سپیگیتی

rice

چاول

salad

سلاد

fries

چپس

fried potatoes

تلے ہوئے آلو

pizza

پیزا

hamburger

ہیم برگر

sandwich

سینڈوچ

escalope

تکے

ham

ہیم

salami

سلامی

sausage

ساسج

chicken

مرغی

roast

بھنیا ہویا

fish

مچھی

porridge oats

جو نا دلیہ

muesli

مولی

cornflakes

کارن فلیکس

flour

آٹا

croissant

کرائسنٹ

bread roll

بریڈ رول

bread

روٹی

toast

ٹوسٹ

cookies

بسکٹ

butter

مکھن

curd

دہی

cake

کیک

egg

انڈا

fried egg

تلیا انڈا

cheese

پنیر

ice cream

أئس كريم

sugar

چینی

honey

شہد

jelly

جام

nougat cream

چاکلیٹ سپریڈ

curry

سالن

farm house
فارم ہاؤس

straw bale
ونڈا

barn
گودام

field
جبوں

horse
گھوڑا

trailer
ٹرالی

foal
بچھیرا

tractor
ٹریکٹر

donkey
کھوتا

lamb
بھیڑ

sheep
بھیڈ

goat

بکری

cow

گان

calf

بچھڑا

pig

سور

piglet

پگ لیٹ

bull

بیل

goose

بطخ

duck

بطخ

chick

چوزه

hen

مرغی

cockerel

مرغا

rat

چوبا

cat

بلی

mouse

چوبا

ox

بیل

dog

کتا

dog house

کتے نا کھار

garden hose

لان نا پائپ

watering can

پانی نا ڈبی

scythe

درانتی

plow

ہل

sickle

درانتی

hoe

ہو

pitchfork

ترنگل

axe

کوہاڑی

pushcart

ریڑھی

trough

ڈونگا

milk can

ددھ نا ٹِبہ

sack

بورا

fence

باڑ

stable

اصطبل

greenhouse

گرین ہاؤس

soil

مٹی

seed

بیج

fertilizer

کھاد

combine harvester

کمبائن ہارویسٹر

harvest

فصل

harvest

فصل

yams

يامز

wheat

کنک

soya

سويا

potato

آلو

corn

مکئی

rapeseed

تلی

fruit tree

پھلدار درخت

manioc

کاساوا

grain

اناج

chimney
چمنی

roof
چھت

downspout
نالی

window
کھڑکی

garage
گیراج

doorbell
دروازے کی گھنٹی

door
دروازہ

trash can
کچرا دان

mailbox
لیٹر باکس

garden
باغ

living room
لونگ روم

bathroom
باتھ روم

kitchen
باورچہ خانہ

bedroom
بیڈروم

kids room
بچیاں نا کمرہ

dining room
ڈائننگ روم

floor

فرش

wall

دیوار

ceiling

چھت

cellar

تہہ خانہ

sauna

سوانا

balcony

بالکنی

terrace

ٹیرس

pool

پول

lawn mower

لان موور

sheet

شیٹ

bedspread

بیڈ سپریڈ

bed

بیڈ

broom

جھاڑو

bucket

بالٹی

switch

سوئچ

picture
تصویر

wallpaper
وال پیپر

lamp
لیمپ

shelf
شیلف

cabinet
الماری

television
ٹیلیویژن

fireplace
آگ دان

flower
پھول

cushion
کشن

sofa
صوفہ

vase
گلدان

remote control
ریموٹ کنٹرول

carpet

قالین

drape

پردے

table

میز

chair

کرسی

rocking chair

راکنگ چنیر

armchair

آرم چنیر

book

کتاب

blanket

کمبل

decoration

ڈیکوریشن

firewood

کولے

film

فلم

stereo system

بانی فانی آلات

key

چابی

newspaper

اخبار

painting

پینٹنگ

poster

پوسٹر

radio

ریڈیو

notebook

نوٹ بک

vacuum cleaner

بوور

cactus

کیکٹس

candle

موم بتی

fridge
فرج

microwave oven
مائیکرو ویو اوون

kitchen scales
کچن سکیل

toaster
ٹوسٹر

laundry detergent
صرف

stove
اوون

freezer
فریزر

trash can
کچرا دان

dishwasher
برتن دھون آلا

cooker
ککر

pot
پاٹ

cast-iron pot
کاسٹ آئرن پاٹ

wok / kadai
ووک / کدائی

pan
پین

kettle
کیتلی

steamer

سٹیمر

baking tray

بیکنگ ترے

crockery

پھانٹے

mug

مگا

bowl

پیالہ

chopsticks

چوپ سٹکس

ladle

کرچھل

spatula

اسپاٹی

whisk

پھینٹن آلا

strainer

چھننا

sieve

چھننی

grater

جھاوان

mortar

کھان پکان آلا چمچہ

barbecue

باربی کیو

fireplace

چولھا

chopping board

کٹنگ بورڈ

rolling pin

رولنگ پن

corkscrew

کارک سکرو

can

کین

can opener

کین کھلون آلا

oven cloth

پاٹ پگڑن آلا

sink

سنک

brush

برش

sponge

سپنج

blender

بلینڈر

deep freezer

ڈیپ فریزر

baby bottle

بچے نی بوتل

tap

ٹوٹی

bathroom

باته روم

shower
شاور

heating
پیٹنگ

towel
تولیہ

shower curtain
شاور کرٹن

bubble bath
ببل باتھ

bathtub
نہان آلا قب

glass
گلاس

washing machine
واشنگ مشین

tap
ٹوٹی

tiles
ٹائل

sink
سنک

potty
پاخانہ

toilet
ٹوائلٹ

squat toilet
ٹوائلٹ

bidet
بیٹٹ

urinal
پیشاب

toilet paper
ٹوائلٹ پیپر

toilet brush
ٹوائلٹ برش

toothbrush

ٹوتھ برش

toothpaste

ٹوتھ پیسٹ

dental floss

ڈینٹل فلاس

wash

دھونا

hand shower

بتھ وچ پھڑن آلا شاور

douche

شاور

basin

بیسن

back brush

بیک برش

soap

صابن

shower gel

شاور جیل

shampoo

شیمپو

flannel

فلالین

drain

نالی

creme

کریم

deodorant

ڈیوڈرنٹ

mirror

أئینہ

hand mirror

ہتھ آلا شیشہ

razor

استرا

shaving foam

شیونگ فوم

aftershave

آفٹر سیو

comb

کنگھا

brush

برش

hair-dryer

ہیئر ڈرائر

hairspray

ہیئر سپرے

makeup

میک اپ

lipstick

لپ سٹک

nail varnish

ناخن نی وارنش

cotton wool

کاٹن وول

nail scissors

ناخن کٹر

perfume

پرفیوم

washbag

واش بيگ

stool

پاخانہ

weighing scales

وزن دا پیمانہ

bathrobe

باتھ نی الماری

rubber gloves

ربر نے دستانہ

tampon

بفر

sanitary towel

تولیہ سٹینڈ

chemical toilet

کیمیکل ٹوائلٹ

alarm clock
الارم کلاک

cuddly toy
کھڈونے

toy car
کھڈونا گڈی

rattle
ھڑھڑ

doll's house
گڈی نا کھار

present
تحفہ

balloon

پھکانا

bed

بیڈ

stroller

پرام

deck of cards

تاش نے پتے

jigsaw

جگ سا

comic

کامک

lego bricks

لیگو بركس

toy blocks

بلڈنگ بلاكس

action figure

کھڈونا

romper suit

بےبی گرو

frisbee

فرزوی

mobile

موبائل

board game

بورڈ گیم

dice

ڈائس

model train set

ماڈل ٹرن سیٹ

pacifier

ڈمی

party

پارٹی

picture book

تصویری کتاب

ball

گیند

doll

گڑی

play

کھیڈنا

sandpit

سینڈ پٹ

swing

جھولا

toys

کھلونے

video game console

ویڈیو گیم کنسول

tricycle

ترائی سائیکل

teddy bear

ٹیڈی بئیر

wardrobe

الماری

clothing

کپڑے

socks

جرابیں

stockings

جرابیں

tights

ٹائٹس

scarf
سکارف

umbrella
چھتری

t-shirt
ٹی شرٹ

belt
بیلٹ

boots
بوٹ

slippers
سلیپر

sneakers
جوگر

sandals
سینڈل

shoes
جوتی

rubber boots
ربر نے جوتی

underwear
انڈر ویئر

bra
برا

undershirt
بنیان

body

جسم

pants

پاجامہ

jeans

جینز

skirt

سکرٹ

blouse

برا

shirt

قمیض

pullover

سوئیٹر

sweater

بوڈی

blazer

کوٹ

jacket

جیکٹ

coat

کوٹ

raincoat

برساتی

costume

کاسٹیوم

dress

کپڑے

wedding dress

شادی نا جوڑا

suit

سوٹ

nightgown

راتے نے کپڑے

pajamas

پاجامہ

sari

ساڑھی

headscarf

سکارف

turban

پگڑی

burka

برقعہ

kaftan

کفتان

abaya

برقعہ

swimsuit

نہان والے کپڑے

trunks

انڈرونیر

shorts

نیکر

tracksuit

ٹریک سوٹ

apron

دھوتی

gloves

دستانے

button

بٹن

glasses

چشمہ

bracelet

بریسلیٹ

necklace

ہار

ring

انگوٹھی

earring

کنٹے

cap

ٹوپی

coat hanger

کوٹ ہینگر

hat

ٹوپی

tie

ٹائی

zip

زپ

helmet

ہیلمٹ

braces

بریسز

school uniform

سکول کی وردی

uniform

وردی

bib

بب

pacifier

ڈمی

diaper

ناپی

office
دفتر

server

سرور

filing cabinet

فائلاں نے الماری

printer

پرنٹر

monitor

مانیٹر

paper

کاغذ

desk

میز

mouse

ماؤس

folder

فولڈر

keyboard

کی بورڈ

chair

کرسی

waste-paper basket

کچرے نا ٹبہ

computer

کمپیوٹر

coffee mug

کافی مگ

calculator

کیلکولیٹر

internet

انٹرنیٹ

laptop

لیپ ٹاپ

letter

خط

message

پیغام

cell phone

موبائل

network

نیٹ ورک

photocopier

فوٹو کاپئیر

software

سافٹ وئیر

telephone

ٹیلیفون

plug socket

پلگ ساکٹ

fax machine

فکس مشین

form

فارم

document

دستاویزات

buy

خریدنا

pay

ادا کرنا

trade

تجارت

money

پیسہ

dollar

ڈالر

euro

یورو

yen

ین

rouble

ربل

Swiss franc

سویس فرانک

renminbi yuan

رینمینبی یوان

rupee

روپیہ

cash point

کیش پوائنٹ

currency exchange office

ایکسچینج دفتر

gold

سونا

silver

چاندی

oil

تیل

energy

توانائی

price

قیمت

contract

معاہدہ

tax

ٹیکس

stock

سٹاک

work

کم

employee

ملازم

employer

آجر

factory

فیکٹری

shop

بٹی

police officer
پلس افسر

fireman
اگ بجھان آلا

cook
کک

pilot
پائلٹ

doctor
ڈاکٹر

gardener

مالی

carpenter

برھئی

seamstress

درزن

judge

جج

chemist

کیمسٹ

actor

ایکٹر

bus driver

بس ڈرائیور

taxi driver

ٹیکسی ڈرائیور

fisherman

مچھیرا

cleaning lady

صفائی آلی جنانی

roofer

روفر

waiter

ویٹر

hunter

شکاری

painter

پینٹر

baker

بیکری آلا

electrician

الیکٹریشن

builder

تعمیرات آلا

engineer

انجینئر

butcher

قصائی

plumber

پلمبر

postman

پوسٹ مین

soldier

سپاہی

architect

آرکیٹیکٹ

cashier

کیشیئر

florist

پھلاں آلا

hairdresser

نائی

conductor

کنڈکٹر

mechanic

میکینک

captain

کپتان

dentist

دندان ساز

scientist

سائنس دان

rabbi

ربانی

imam

امام

monk

راہب

pastor

انگریز

hammer
بتھوڑا

pliers
پلائر

screwdriver
سکریو ڈرائیور

wrench
سپینر

torch
ٹارچ

excavator

پھاوڑا

toolbox

ٹول باکس

ladder

سیڑھی

saw

آری

nails

کیل

drill

ڈرل

repair

مرمت

shovel

شاول

Damn!

لعنت!

dustpan

ڈسٹ پین

paint can

پینٹ پاٹ

screws

سکریوز

musical instruments
موسیقی نے آلات

loud speaker
لاؤڈ سپیکر

drum set
ڈرم کٹ

double bass
ڈبل بیس

trumpet
نرسنگے

guitar
گٹار

piano

پیانو

violin

وائلن

bass

بیس

timpani

ٹمپانی

drums

ڈرمز

keyboard

کی بورڈ

saxophone

سیگزو فون

flute

بانسری

microphone

مائکروفون

entrance
داخلہ

tiger
چیتا

cage
پنجرہ

zebra
زیبرا

animal feed
جانوروں دا کھانا

panda
پانڈا

animals

جانور

elephant

ہاتھی

kangaroo

کینگرو

rhino

گینڈا

gorilla

گوریلا

bear

ریچھ

camel

اونٹ

ostrich

شترمرغ

lion

شیر

monkey

باندر

flamingo

فلیمنگو

parrot

طوطا

polar bear

برفانی ریچھ

penguin

پینگوئین

shark

شارک

peacock

مور

snake

سنپ

crocodile

مگرمچھ

zookeeper

چڑیا گھر دا رکھوالا

seal

سیل

jaguar

جیگوار

pony

پونی

leopard

لیپرڈ

hippo

ہپو

giraffe

زرافہ

eagle

چیل

boar

نر سور

fish

مچھی

turtle

کیچھوا

walrus

والرس

fox

لومیڑ

gazelle

گیزل

American football
امریکن فٹبال

cycling
سائکلنگ

tennis
ٹینس

basketball
باسکٹ بال

swimming
سوئمنگ

ice hockey
آئس ہاکی

boxing
باکسنگ

soccer

فٹبال

badminton

بیڈ منٹن

athletics

ایتھلیٹکس

handball

بینڈ بال

skiing

سکیئنگ

polo

پولو

laugh
بنسنا

ump
چھال مارد

hug
چھپی پانا

walk
چلنا

sing
گانا گانا

dream
خواب

pray
دعا

kiss
بوسہ

write
لکھنا

draw
لیک لانا

show
وکھانا

push
دھکا

give
دینا

take
لینا

have

بے وے

do

کرنا

be

ہو

stand

کھلونا

run

دوڑنا

pull

چھیکنا

throw

ستنا

fall

ٹھینا

lie

جھوٹ

wait

انتظار

carry

چکنا

sit

بیٹھنا

get dressed

کپڑے پانا

sleep

سونا

wake up

جاگنا

look at

ویکھنا

cry

رونا/چلانا

stroke

سٹروک

comb

کنگھا

talk

گل کرنا

understand

سمجھنا

ask

پوچھنا/دسنا

listen

سننا

drink

پینا

eat

کھانا

tidy up

تیار ہونا

love

محبت

cook

پکانا

drive

گڈی چلانا

fly

اڈنا

sail

سمندری سفر

calculate

کیلکولیٹ

read

پڑھنا

learn

سیکھنا

work

کم

marry

شادی

sew

سیونا

brush teeth

دند صاف

kill

قتل

smoke

دھواں

send

بھیجنا

grandmother
دادی

grandfather
دادا

father
پیو

mother
ماں

baby
بچہ

daughter
دھی

son
پتر

guest

مہمان

aunt

ماسی / پھو

uncle

چاچا/ماما

brother

بھرا

sister

بہن

forehead
متھا

eye
اکھ

shoulder
منڈھے

finger
انگلی

face
منہ

chin
ٹھوڑی

hand
بتہ

breast
چھاتی

leg
لت

arm
بانہہ

baby

بچہ

man

بندہ

woman

جنانی

girl

کڑی

boy

مڑا

head

سر

back

کمر

belly

ٹھڈ

navel

تھنی

toe

پنجہ

heel

اٹی

bone

ہڈم

hip

کولہے

knee

گوڈے

elbow

کہنی

nose

نک

buttocks

زیر جامہ

skin

کھل

cheek

گلاں

ear

کن

lip

بل

mouth

منہ

tooth

دند

tongue

زبان

brain

دماغ

heart

دل

muscle

پٹھے

lung

پھیپھڑے

liver

جگر

stomach

تھَہ

kidneys

گردے

sex

جنس

condom

کنڈم

ovum

انڈے

semen

منی

pregnancy

حمل

menstruation

حیض

vagina

اندام نهانی

penis

عضو تناسل

eyebrow

بھوں

hair

بال

neck

گردن

hospital
بسپتال

ambulance
ایمبولینس

wheelchair
وھیل چیئر

fracture
فریکچر

doctor

ڈاکٹر

emergency room

ہنگامی کمرہ

nurse

نرس

emergency

ایمرجنسی

unconscious

بے ہوش

pain

درد

injury

سٹ

bleeding

خون نکلنا

heart attack

دل نا دوره

stroke

فالج

allergy

الرجی

cough

کھنگ

fever

تپ

flu

نزلہ

diarrhea

اسہال

headache

سر درد

cancer

کینسر

diabetes

شوگر(ذیابطس)

surgeon

سرجن

scalpel

سکیلپیل

operation

آپریشن

CT

سی ٹی

x-ray

ایکسرے

ultrasound

الٹرا ساؤنڈ

face mask

چہرہ نا ماسک

disease

بماری

waiting room

انتظار گاہ

crutch

بیساکھی

plaster

پلستر

bandage

پٹی

injection

ٹیکہ

stethoscope

سٹیتھوسکوپ

stretcher

اسٹریچر

clinical thermometer

کلینکل تھرمومیٹر

birth

پیدائش

overweight

زائدالوزن

hearing aid

سننے لنی آلہ

disinfectant

جراثیم کش

infection

متعدی مرض

virus

وائرس

HIV / AIDS

HIV/AIDS

medicine

دوائی

vaccination

ویکسینیشن

tablets

گولیاں

pill

گولی

emergency call

ہنگامی کال

blood pressure monitor

بلڈ پریشر مانیٹر

ill / healthy

بیمار / صحتمند

alarm

الارم

assault

حملہ

Help!

مدد!

attack

حملہ

danger

خطرہ

emergency exit

ہنگامی اخراج

Fire!

اگ!

fire extinguisher

اگ بجھانے والا آلہ

accident

حادثہ

first-aid kit

فرسٹ ایڈ کٹ

SOS

SOS

police

پلس

Europe

یورپ

North America

شمالی امریکہ

South America

جنوبی امریکہ

Africa

افریقہ

Asia

ایشیاء

Australia

آسٹریلیا

Atlantic

اٹلانٹک

Pacific

پیسیفک

Indian Ocean

بحیرہ ہند

Antarctic Ocean

بحیرہ انٹارکٹک

Arctic Ocean

بحیرہ آرکٹیک

North pole

قطب شمالی

South pole

قطب جنوبی

Antarctica

انتارکتیکا

earth

زمین

land

خشکی

sea

سمندر

island

جزیرہ

nation

قوم

state

ریاست

clock face

کلاک فیس

hour hand

نکی سونی

minute hand

وڈی سونی

second hand

سیکنڈ بینڈ

What time is it?

کی ٹائم ہویا اے؟

day

دن

time

وقت

now

ہون

digital watch

ڈیجیٹل گھڑی

minute

منٹ

hour

گھنٹہ

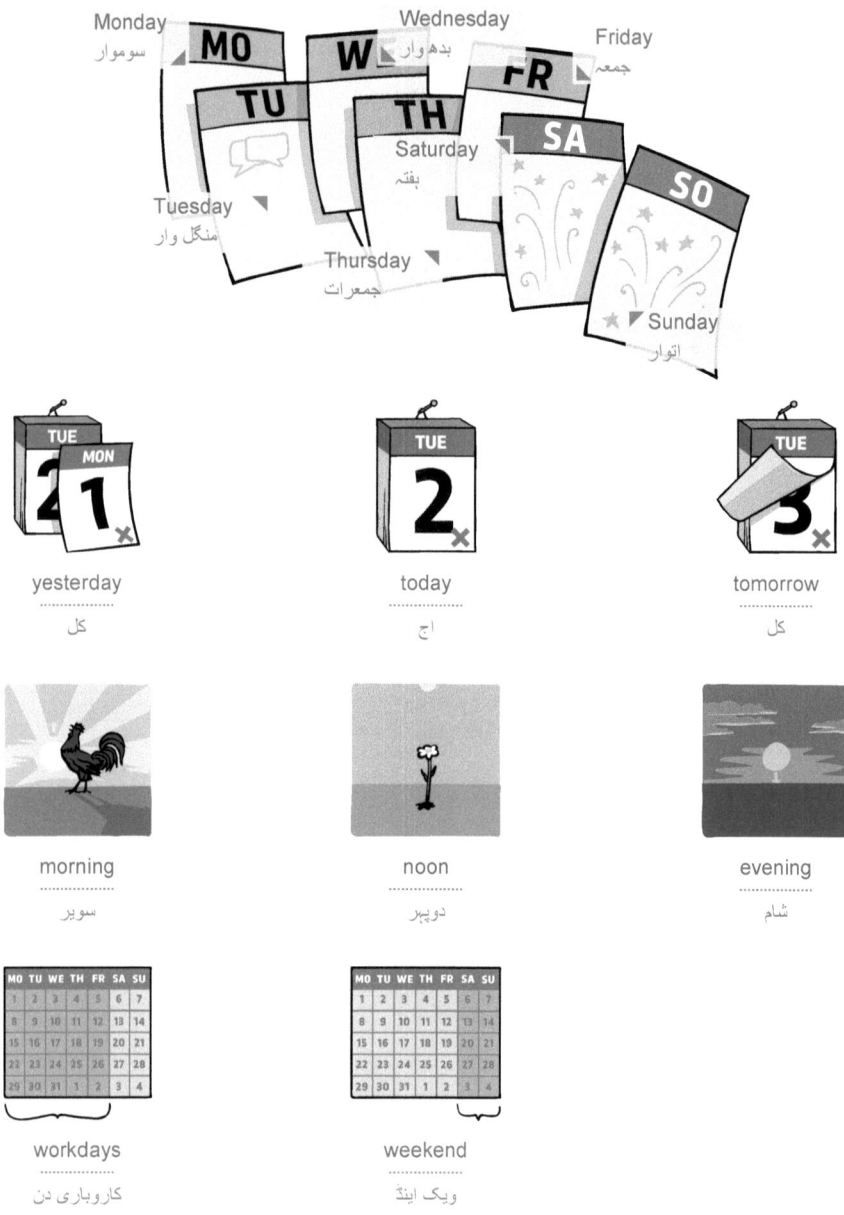

Monday
سوموار

Tuesday
منگل وار

Wednesday
بدھ وار

Thursday
جمعرات

Friday
جمعہ

Saturday
ہفتہ

Sunday
اتوار

yesterday
کل

today
آج

tomorrow
کل

morning
سویر

noon
دوپہر

evening
شام

workdays
کاروباری دن

weekend
ویک اینڈ

rain
بارش

rainbow
رین بو

wind
ہوا

snow
برف

spring
بہار

summer
گرمی

fall
خزاں

winter
سردی

4.APRIL	11°	☀
5.APRIL	4°	⛅
6.APRIL	13°	☁
7.APRIL	8°	❄
8.APRIL	10°	❄

weather forecast

موسمی پیشگوئی

thermometer

تھرمامیٹر

sunshine

سورج نے چمک

cloud

بدل

fog

دھند

humidity

نمی

lightning

بجلی کڑکنا

thunder

گرج

storm

نھیری

hail

اولے

monsoon

ساون

flood

سیلاب

ice

برف

January

جنوری

February

فروری

March

مارچ

April

اپریل

May

مئی

June

جون

July

جولائی

August

اگست

September
ستمبر

October
اکتوبر

November
نومبر

December
دسمبر

shapes
شکلاں

circle
گول

square
چوکور

rectangle
مستطیل

triangle
مثلث

sphere
دائرہ نما

cube
مکعب

white

چٹا

yellow

پیلا

orange

نارنجی

pink

گلابی

red

رتا

purple

جامنی

blue

نیلا

green

ہرا

brown

کتھئی

gray

سرمئی

black

کالا

a lot / a little
....
زیادہ / گھٹ

angry / calm
....
ناراض / پرسکون

beautiful / ugly
....
خوبصورت / بدصورت

beginning / end
....
ابتداء / اختتام

big / small
....
وڈا / نکا

bright / dark
....
روشن / نھیرا

brother / sister
....
بھرا / بھن

clean / dirty
....
صاف / گندا

complete / incomplete
....
مکمل / نا مکمل

day / night
....
دن / رات

dead / alive
....
مردہ / اندہ

wide / narrow
....
چوڑا / تنگ

edible / inedible

خوردنی / ناقابل خوردنی

evil / kind

پھیڑا / چنگا

excited / bored

خوش / ناخوش

fat / thin

موٹا / پتلا

first / last

پہلا / آخری

friend / enemy

دوست / دشمن

full / empty

بھریا / خالی

hard / soft

سخت / نرم

heavy / light

بھاری / ہلکا

hunger / thirst

بھوک / پیاس

ill / healthy

بیمار / صحتمند

illegal / legal

قانونی / غیر قانونی

intelligent / stupid

ذہین / بیوقوف

left / right

کھبا / سجا

near / far

کولے / دور

new / used

نواں / پرانا

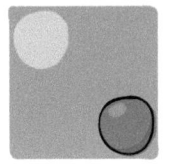

nothing / something

کجہ نئیں / سب کجہ

old / young

بڈھا / جوان

on / off

کھولنا / بند کرنا

open / closed

کھولنا / بند کرنا

quiet / loud

خاموشی / شور

rich / poor

امیر / غریب

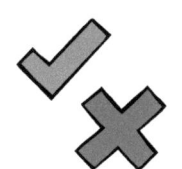

right / wrong

درست / غلط

rough / smooth

کھردرا / ہموار

sad / happy

افسردہ / خوش

short / long

نکا / لما

slow / fast

آہستہ / تیز

wet / dry

گیلا / خشک

warm / cool

گرم / ٹھنڈا

war / peace

جنگ / امن

0

zero

صفر

1

one

اک

2

two

دو

3

three

تن

4

four

چار

5

five

پنج

6

six

چھ

7

seven

ست

8

eight

آٹھ

9

nine

نو

10

ten

دس

11

eleven

یاراں

12

twelve

باران

13

thirteen

تیران

14

fourteen

چودا

15

fifteen

پندره

16

sixteen

سوله

17

seventeen

ستاراں

18

eighteen

اٹھاراں

19

nineteen

انیہ

20

twenty

وی

100

hundred

سو

1.000

thousand

ہزار

1.000.000

million

ملین

English

انگریزی

American English

امریکی انگریزی

Chinese Mandarin

چینی مینڈّرین

Hindi

ہندی

Spanish

سپینش

French

فرینچ

Arabic

عربی

Russian

رشیین

Portuguese

پرتگالی

Bengali

بنگالی

German

جرمن

Japanese

جاپانی

I

میں

you

توں

he / she / it

وہ/او/ایہہ

we

اسیں

you

توں

they

او

who?

کون؟

what?

کی؟

how?

کیوں؟

where?

کتھے؟

when?

کدوں؟

name

ناں

behind

پچھے

in

وچ

in front of

نے سامنے

over

تے

on

تے

under

ہیٹھ

beside

سوا

between

مابین

place

جگہ